Journal de deuil

Roland Barthes

Journal de deuil

26 octobre 1977 – 15 septembre 1979

TEXTE ÉTABLI ET ANNOTÉ
PAR NATHALIE LÉGER

Éditions du Seuil

ISBN 978-2-7578-5986-5
(ISBN 978-2-02-098951-0, 1re publication)

Au lendemain de la mort de sa mère, le 25 octobre 1977, Roland Barthes commence un « Journal de deuil ». Il écrit à l'encre, parfois au crayon, sur les fiches qu'il prépare lui-même à partir de feuilles de papier standard coupées en quatre, et dont il conserve toujours une réserve sur sa table de travail.

Tandis qu'il rédige ce Journal, Roland Barthes prépare son cours au Collège de France sur « Le Neutre » (février-juin 1978), écrit le texte de la conférence intitulée « Longtemps, je me suis couché de bonne heure » (décembre 1978), publie de très nombreux articles dans différents journaux et revues, écrit La Chambre claire *entre avril et juin 1979, rédige les quelques feuillets de son projet « Vita Nova » durant l'été 1979, prépare son double cours du Collège sur « La Préparation du roman » (décembre 1978 – février 1980).*

Au principe de chacune de ces œuvres majeures, toutes explicitement placées sous le signe de la mort de la mère, se trouvent les fiches du « Journal de deuil ».

Elles sont essentiellement rédigées à Paris et à Urt, près de Bayonne, où Roland Barthes séjourne parfois en compagnie de son frère, Michel, et de Rachel, l'épouse de celui-ci. Quelques voyages viennent rythmer la période, et notamment au Maroc où Roland Barthes, régulièrement invité à y enseigner, aimait à se rendre. Le « Journal de deuil » est ici, feuillet par feuillet, proposé dans son intégralité ; nous avons replacé chronologiquement les fiches lorsqu'un désordre s'y était glissé ; le format de la fiche implique une rédaction toujours concise, mais certaines fiches sont écrites recto verso, et parfois le texte se poursuit sur le recto de plusieurs fiches ; les initiales données par l'auteur désignent des proches, elles ont été conservées ; les crochets sont de Roland Barthes ; quelques notes en bas de page viennent éclairer le contexte ou préciser une allusion.

Henriette Binger est née en 1893. Elle épouse Louis Barthes à vingt ans ; jeune mère à vingt-deux ans, elle est veuve de guerre à vingt-trois. Elle meurt à l'âge de quatre-vingt-quatre ans.

On ne lit pas ici un livre achevé par son auteur, mais l'hypothèse d'un livre désiré par lui, qui contribue à l'élaboration de son œuvre et, à ce titre, l'éclaire[1].

N. L.

1. Cette édition a été établie avec la collaboration amicale de Bernard Comment et Éric Marty.

Journal de deuil

26 octobre 1977 – 21 juin 1978

26 octobre 1977

Première nuit de noces.
Mais première nuit de deuil ?

27 octobre

– Vous n'avez pas connu le corps de la Femme !

– J'ai connu le corps de ma mère malade, puis mourante.

27 octobre

Chaque matin, vers 6 h 1/2, dehors dans la nuit, le bruit de ferrailles des boîtes à ordures.

Elle disait avec soulagement : la nuit est enfin finie (elle a souffert la nuit, seule, chose atroce).

Dès qu'un être est mort, construction affolée de l'avenir (changements de meubles, etc.) : aveniromanie.

27 octobre

Qui sait ? Peut-être un peu d'or dans ces notes ?

27 octobre

– SS : je te prendrai en main, je te ferai faire une cure de calme.

– RH : depuis six mois tu étais déprimé parce que tu savais. Deuil, dépression, travail, etc. – mais cela dit discrètement, à sa coutume.

Irritation. Non, le deuil (la dépression) est bien autre chose qu'une maladie. De quoi voudrait-on que je guérisse ? Pour trouver quel état, quelle vie ? S'il y a travail, celui qui sera accouché n'est pas un être *plat*, mais un être *moral*, un sujet de la *valeur* – et non de l'intégration.

27 octobre

Immortalité. Je n'ai jamais entendu cette position bizarre, pyrrhonienne : je ne sais pas.

27 octobre

Tout le monde suppute – je le sens – le degré d'intensité d'un deuil. Mais impossible (signes dérisoires, contradictoires) de mesurer combien tel est atteint.

27 octobre

– « Jamais plus, jamais plus ! »

– Et pourtant, contradiction : ce « jamais plus » n'est pas éternel puisque vous mourrez vous-même un jour.

« Jamais plus » est un mot d'immortel.

27 octobre

Réunion trop nombreuse. Futilité croissante, inévitable. Je pense à elle, qui est à côté. Tout craque.

C'est, ici, le début solennel du grand, du long deuil.

Pour la première fois depuis deux jours, idée *acceptable* de ma propre mort.

28 octobre

Conduisant le corps de mam. de Paris à Urt (avec JL et le convoyeur) : halte pour déjeuner dans un très petit caboulot populaire, à Sorigny (après Tours). Le convoyeur y rencontre un « collègue » (qui mène un corps en Haute-Vienne) et déjeune avec lui. Je fais quelques pas avec Jean-Louis sur le côté de la place (à l'horrible monument aux morts), terre battue, odeur de pluie, province minable. Et pourtant, comme un goût de vivre (à cause de l'odeur douce de la pluie), toute première démobilisation, comme une très brève palpitation.

29 octobre

Chose bizarre, sa voix que je connaissais si bien, dont on dit qu'elle est le grain même du souvenir (« la chère inflexion… »), je ne l'entends pas. Comme une surdité localisée…

29 octobre

Dans la phrase « Elle ne souffre plus », à quoi, à qui renvoie « elle » ? Que veut dire ce présent ?

29 octobre

Idée – stupéfiante, mais non désolante – qu'elle n'a pas été « tout » pour moi. Sinon, je n'aurais pas écrit d'*œuvre*. Depuis que je la soignais, depuis six mois, effectivement, elle était « tout » pour moi, et j'ai complètement oublié que j'avais écrit. Je n'étais plus qu'éperdument à elle. Avant, elle se faisait transparente pour que je puisse écrire.

29 octobre

En prenant ces notes, je me confie à la *banalité* qui est en moi.

29 octobre

Les désirs que j'ai eus avant sa mort (pendant sa maladie) ne peuvent plus maintenant s'accomplir, car cela signifierait que c'est sa mort qui me permet de les accomplir – que sa mort pourrait être en un sens libératrice à l'égard de mes désirs. Mais sa mort m'a changé, je ne désire plus ce que je désirais. Il faut attendre – à supposer que cela se produise – qu'un désir nouveau se forme, un désir d'après sa mort.

29 octobre

La *mesure* du deuil.

(Larousse, Memento) : dix-huit mois pour le deuil d'un père, d'une mère.

30 octobre

À Urt : triste, doux, *profond* (sans crispation).

30 octobre

… que cette mort ne me détruise pas complètement, veut dire que décidément je veux vivre éperdument, à la folie, et que donc la peur de ma propre mort est toujours là, n'a pas été déplacée d'un pouce.

30 octobre

Beaucoup d'êtres m'aiment encore, mais désormais ma mort n'en tuerait aucun

– et c'est là ce qui est nouveau.

(Mais Michel ?)

31 octobre

Je ne veux pas en parler par peur de faire de la littérature – ou sans être sûr que c'en ne sera pas – bien qu'en fait la littérature s'origine dans ces vérités.

31 octobre

Lundi 15 h – Rentré seul pour la première fois dans l'appartement. Comment est-ce que je vais pouvoir vivre là tout seul. Et simultanément évidence qu'il n'y a aucun lieu de rechange.

31 octobre

Une part de moi veille dans le désespoir ; et *simultanément* une autre s'agite à ranger mentalement mes affaires les plus futiles. Je ressens cela comme une *maladie*.

31 octobre

Parfois, très brièvement, un moment blanc – comme d'insensibilité – qui n'est pas moment d'oubli. Cela m'effraye.

31 octobre

Acuité nouvelle, étrange, à voir (dans la rue) la laideur ou la beauté des gens.

1er novembre

Ce qui me frappe le plus : le deuil en plaques – comme la sclérose.

[Ça veut dire : pas de profondeur. Plaques de surface – ou plutôt chaque plaque : totale. Blocs]

1er novembre

Moments où je suis « distrait » (parle, au besoin plaisante) – et comme sec – à quoi succèdent brusquement des émotions atroces, jusqu'aux larmes.

Indécidabilité du sens : on peut dire aussi bien que je suis sinon insensible sinon articulé sur une émotivité extérieure, féminine (« superficielle »), contraire à l'image sérieuse de la « vraie » douleur – que profondément désespéré, luttant pour donner le change, ne pas assombrir autour de moi, mais par moments n'en pouvant plus et « craquant ».

2 novembre

L'étonnant de ces notes, c'est un sujet dévasté en proie à la *présence d'esprit.*

2 novembre

(Soirée avec Marco)
Je sais maintenant que mon deuil sera *chaotique*.

3 novembre

D'une part, elle me demande tout, tout le deuil, son absolu (mais alors ce n'est pas elle, c'est moi qui l'investis de me demander cela). Et d'autre part (étant alors vraiment elle-même) elle me recommande la légèreté, la vie, comme si elle me disait encore : « mais va, sors, distrais-toi… »

4 novembre

L'idée, la sensation que j'avais eue ce matin, d'une recommandation de légèreté dans le deuil, Éric me dit aujourd'hui que c'est ce qu'il vient de relire dans Proust (entre le narrateur et la grand-mère).

4 novembre

Cette nuit, pour la première fois, rêvé d'elle ; elle était allongée, mais non point malade, dans sa chemise de nuit rose d'Uniprix…

4 novembre

Ce jour, vers 17 heures, tout est à peu près classé ; la solitude définitive est là, mate, n'ayant désormais d'autre terme que ma propre mort.

Boule dans la gorge. Mon désarroi s'active à faire une tasse de thé, un bout de lettre, à ranger un objet – comme si, chose horrible, je *jouissais* de l'appartement rangé, « à moi », mais cette jouissance *colle* à mon désespoir.

Tout ceci définit la *déprise* de tout travail.

4 novembre

Vers 18 h : l'appartement est chaud, doux, éclairé, propre. Je le fais ainsi, avec énergie, dévouement (j'en jouis *avec amertume*) : désormais et à jamais je suis moi-même ma propre mère.

5 novembre

Après-midi triste. Brève course. Chez le pâtissier (futilité) j'achète un financier. Servant une cliente, la petite serveuse dit *Voilà.* C'était le mot que je disais en apportant quelque chose à maman quand je la soignais. Une fois, vers la fin, à demi inconsciente, elle répéta en écho *Voilà* (*Je suis là,* mot que nous nous sommes dit l'un à l'autre toute la vie).

Ce mot de la serveuse me fait venir les larmes aux yeux. Je pleure longtemps (rentré dans l'appartement insonore).

Ainsi puis-je cerner mon deuil.

Il n'est pas directement dans la solitude, l'empirique, etc. ; j'ai là une sorte d'aise, de maîtrise qui doit faire croire aux gens que j'ai moins de peine qu'ils n'auraient pensé. Il est là où se redéchire la relation d'amour, le « nous nous aimions ». Point le plus brûlant au point le plus abstrait…

6 novembre

Ouate du dimanche matin. Seul. Premier dimanche matin sans elle. Je sens le cycle des jours de la semaine. J'affronte la longue série des temps sans elle.

6 novembre

J'ai (hier) compris bien des choses : inimportance de ce qui m'agitait (installation, confort de l'appartement, bavardages et même parfois rires avec les amis, projets, etc.).

Mon deuil est celui de la relation aimante et non celui d'une organisation de vie. Il me vient par les mots (d'amour) surgis dans ma tête…

9 novembre

Je chemine cahin-caha à travers le deuil.

Revient sans cesse immobile le point brûlant : les mots qu'elle m'a dits dans le souffle de l'agonie, foyer abstrait et infernal de la douleur qui me submerge (« Mon R, mon R » – « Je suis là » – « Tu es mal assis »).

– Deuil pur, qui ne doit rien au changement de vie, à la solitude, etc. Zébrure, béance de la relation d'amour.

– De moins en moins à écrire, à dire, sinon cela (mais je ne puis le dire à personne).

10 novembre

On souhaite du « courage ». Mais le temps du courage, c'est celui où elle était malade, où je la soignais en voyant ses souffrances, ses tristesses et où il fallait me cacher de pleurer. À chaque instant il fallait assumer une décision, une figure, et c'est cela le courage. – Maintenant, *courage* voudrait dire *vouloir-vivre* et on n'en a que trop.

10 novembre

Frappé par la nature *abstraite* de l'absence ; et cependant, c'est brûlant, déchirant. D'où je comprends mieux l'*abstraction* : elle est absence et douleur, douleur de l'absence – peut-être donc amour ?

10 novembre

Gêné et presque culpabilisé parce que parfois je crois que mon deuil se réduit à une émotivité.

Mais toute ma vie n'ai-je été que cela : ému ?

11 novembre

Solitude = n'avoir personne chez soi à qui pouvoir dire : je rentrerai à telle heure ou à qui pouvoir téléphoner (dire) : voilà, je suis rentré.

11 novembre

Horrible journée. De plus en plus malheureux. Je pleure.

12 novembre

Aujourd'hui – jour de mon anniversaire – je suis malade et je ne peux – je n'ai plus à le lui dire.

12 novembre

[Bête] : en entendant Souzay chanter* : « J'ai dans le cœur une tristesse affreuse », j'éclate en sanglots.

* dont autrefois je me moquais [1]

1. Voir « L'art vocal bourgeois », *Mythologies*, Paris, Seuil, 1957, pp. 189-191.

14 novembre

En un sens, je résiste à l'Invocation au Statut de la Mère pour expliquer mon chagrin.

14 novembre

Une douceur, c'est de voir (par les lettres) que beaucoup de gens (lointains) avaient perçu ce qu'elle était, ce que nous étions, par son mode de présence dans le « RB »[1]. Donc, j'avais réussi cela, qui se reverse en bien maintenant.

1. *Roland Barthes par Roland Barthes*, Paris, Seuil, 1975.

15 novembre

Il y a un temps où la mort est un *événement*, une ad-venture, et à ce titre, mobilise, intéresse, tend, active, tétanise. Et puis un jour, ce n'est plus un événement, c'est une autre durée, tassée, insignifiante, non narrée, morne, sans recours : vrai deuil insusceptible d'aucune dialectique narrative.

15 novembre

Suis ou déchiré ou mal à l'aise
et parfois des bouffées de vie

16 novembre

Maintenant, partout, dans la rue, au café, je vois chaque individu sous l'espèce du *devant-mourir*, inéluctablement, c'est-à-dire très exactement du *mortel*. – Et avec non moins d'évidence, je les vois comme *ne le sachant pas*.

16 novembre

Parfois bouffées de désirs (par exemple du voyage en Tunisie) ; mais ce sont désirs d'*avant* – comme anachroniques ; ils viennent d'*une autre rive*, d'un autre pays, le pays d'avant. – Aujourd'hui, c'est un pays plat, morne sans presque de points d'eau – et dérisoire.

17 novembre

(Crise de chagrin)
(parce que V. m'écrit qu'elle revoit mam. à Rueil, *habillée de gris*)

Deuil : région atroce où *je n'ai plus peur.*

18 novembre

Ne pas *manifester* le deuil (ou du moins être indifférent à cela), mais *imposer* le droit *public* à la relation aimante qu'il implique.

19 novembre

[Brouillage des statuts]. Pendant des mois, j'ai été sa mère. C'est comme si j'avais perdu ma fille (douleur plus grande que cela ? Je n'y avais pas pensé).

19 novembre

Voir avec horreur comme simplement possible le moment où le souvenir de ces mots qu'elle m'a dits ne me ferait plus pleurer…

19 novembre

Voyage de Paris à Tunis. Série de pannes d'avion. Séjours interminables dans des aéroports au milieu de la foule des Tunisiens qui rentraient chez eux pour l'Aïd Kebir. Pourquoi le sinistre de cette journée de pannes accompagne-t-il si bien le deuil ?

21 novembre

Désarroi, déshérence, apathie : seule, par bouffées, l'image de l'écriture comme « chose qui fait envie », havre, « salut », projet, bref « amour », joie. Je suppose que la dévote sincère a les mêmes mouvements vers son « Dieu ».

21 novembre

Toujours cette distorsion douloureuse (parce qu'énigmatique, incompréhensible) entre mon aisance à converser, à m'intéresser, à observer, à vivre comme avant, et les élancements du chagrin. Souffrance supplémentaire, de n'être pas plus « désorganisé ». Mais peut-être est-ce alors d'un préjugé que je souffre.

21 novembre

Depuis la mort de mam., une sorte de fragilité digestive – comme si j'étais atteint là où elle prenait le plus grand soin de moi : la nourriture (bien que depuis des mois elle ne la préparât plus elle-même).

21 novembre

Je sais maintenant d'où peut venir la Dépression : relisant mon journal de cet été [1], j'en suis à la fois « charmé » (pris) et déçu : donc, l'écriture à son maximum n'est tout de même que dérisoire. La Dépression viendra quand, du fond du chagrin, je ne pourrai même pas me raccrocher à l'écriture.

1. Roland Barthes a publié quelques pages de ce journal de l'été 1977 dans « Délibération », *Tel Quel*, n° 82, hiver 1979.

21 novembre
soir

« Je m'ennuie partout »

23 novembre

Soirée sinistre à Gabès (vent, nuages noirs, bungalows lamentables, spectacle folklorique dans le bar de l'hôtel Chems) : je ne puis plus me réfugier en pensée nulle part : ni à Paris, ni en voyage. Je n'ai plus de refuge.

24 novembre

Mon étonnement – et pour ainsi dire mon inquiétude (mon malaise) vient de ce qu'à vrai dire, ce n'est pas un manque (je ne puis décrire cela comme un manque, ma vie n'est pas désorganisée), mais une *blessure*, quelque chose qui fait mal au cœur de l'amour.

25 novembre 1977

+ spontanéité

Ce que j'appelle *spontanéité*: seulement cet état *extrême* où, par exemple, maman du fond de sa conscience affaiblie, ne pensant pas à sa propre souffrance, me dit «Tu es mal, tu es mal assis» (parce que je l'évente assis sur un tabouret).

26 novembre

M'effraie absolument le caractère *discontinu* du deuil.

28 novembre

À qui pourrais-je poser cette question (avec espoir de réponse) ?

Pouvoir vivre sans quelqu'un qu'on aimait signifie-t-il qu'on l'aimait moins qu'on ne croyait… ?

28 novembre

Froid, nuit, hiver. Je suis au chaud et cependant seul. Et je comprends qu'il *faudra* que je m'habitue à être *naturellement* dans cette solitude, y agir, y travailler, accompagné, *collé* par la « présence de l'absence ».

29 novembre

Voir – reprendre notes à *Neutre*[1]. Oscillation (Neutre et Présent).

1. Il s'agit de l'une des entrées du grand fichier de travail de Roland Barthes qui alimente la préparation des cours sur « Le Neutre » (Collège de France, 18 février – 3 juin 1978). Voir Roland Barthes, *Le Neutre*, Paris, Seuil / IMEC, « Traces écrites », texte établi, annoté et présenté par Thomas Clerc, 2002. On se reportera notamment aux figures « L'actif du Neutre » (p. 116) ou « L'Oscillation » (p. 170).

29 novembre

→ « Deuil »

Expliqué à AC, dans un monologue, comment mon chagrin est chaotique, erratique, ce en quoi il résiste à l'idée courante – et psychanalytique – d'un deuil soumis au temps, qui se dialectise, s'use, « s'arrange ». Le chagrin n'a rien emporté tout de suite – mais en contrepartie, il ne s'use pas.

– À quoi AC répond : c'est ça, le deuil. (Il se constitue ainsi en sujet du Savoir, de la Réduction) – j'en souffre. Je ne puis supporter qu'on *réduise* – qu'on *généralise* – Kierkegaard[1] mon chagrin : c'est comme si *on* me le volait.

1. « Dès que je parle, j'exprime le général, et si je me tais nul ne peut me comprendre. » Søren Kierkegaard, *Crainte et Tremblement*, traduction de P.-H. Tisseau, préface de Jean Wahl, Aubier Montaigne, « Philosophie de l'esprit », p. 93. Roland Barthes a souvent fait référence à ce texte.

→ « Deuil » 29 novembre

[Expliqué à AC]

Deuil : ne s'use pas, non soumis à l'usure, au temps. Chaotique, erratique : *moments* (de chagrin / d'amour de la vie) aussi *frais* maintenant qu'au premier jour.

Le sujet (que je suis) n'est que *présent*, il n'est qu'*au présent*. Tout ceci ≠ psychanalyse : dix-neuviémiste : philosophie du Temps, du déplacement, modification par le Temps (la cure) ; organicisme.

cf. Cage [1].

1. Le « présent » est l'un des éléments fondamentaux de la recherche du compositeur américain John Cage. Voir notamment à ce sujet les entretiens de John Cage avec Daniel Charles dans *Pour les oiseaux*, Belfond, 1976, ouvrage qui figurait dans la bibliothèque de Roland Barthes.

30 novembre

Ne pas dire *Deuil*. C'est trop psychanalytique. Je ne suis pas *en deuil*. J'ai du chagrin.

30 novembre

Vita nova[1], comme geste radical (discontinuer – nécessité de discontinuer ce qui marchait avant sur sa lancée).

Deux voies contradictoires sont possibles :
1) Liberté, Dureté, Vérité
(retourner ce que j'étais)
2) Laxisme, Charité
(accentuer ce que j'étais)

1. Ce désir d'une *vita nova*, vie radicalement nouvelle appelée par le deuil de l'être aimé, renvoie explicitement à la démarche de Dante qui invente avec *Vita Nova* une forme narrative et poétique pour dire l'amour et le deuil. Au cours de l'été 1979, Roland Barthes rédigera, sous le titre *Vita Nova,* un projet dont la mère, mam., aurait été l'un des protagonistes essentiels. Cf. *Œuvres complètes,* tome V, pp. 1007-1018.

30 novembre

À chaque « moment » de chagrin, je crois que c'est celui-là même où pour la première fois je *réalise* mon deuil.

Cela veut dire : totalité d'intensité.

3 décembre

[Soirée Emilio avec FM Banier]

Peu à peu je déserte la conversation (souffrant qu'on croie que je la boude par mépris). FMB (relayé par Youssef) constitue un *système* fort (au reste talentueux) de valeurs, de codes, de séductions, de styles ; mais à proportion de la *consistance* de ce système, je m'en sens exclu. Du coup, peu à peu je ne lutte plus, je m'absente, sans souci de mon image. Cela commence ainsi par une désaffection de la mondanité, d'abord légère, puis radicale. À cette progression se mêle peu à peu la nostalgie de ce qui est vivant pour moi : mam. Et finalement je tombe dans un *trou* de chagrin.

5 décembre

[Sensation que je perds JL – qu'il s'éloigne]. Si je le perdais, je serais impitoyablement renvoyé, réduit à *la région de la Mort.*

7 décembre

Maintenant, parfois monte en moi, inopinément, comme une bulle qui crève : la constatation : *elle n'est plus, elle n'est plus*, à jamais et totalement. C'est mat, sans adjectif – vertigineux parce qu'*insignifiant* (sans interprétation possible).

Douleur nouvelle.

7 décembre

Les mots (simples) de la Mort :
– « C'est impossible ! »
– « Pourquoi, pourquoi ? »
– « À jamais »
etc.

8 décembre

Deuil : non pas écrasement, blocage (ce qui supposerait un « rempli »), mais une disponibilité douloureuse : je suis *en alerte*, attendant, épiant la venue d'un « sens de vie ».

9 décembre

Deuil : malaise, situation *sans chantage possible.*

11 décembre

Au cœur le plus noir de ce dimanche matin silencieux :

Maintenant monte peu à peu en moi le thème sérieux (désespéré) : désormais quel sens pour ma vie ?

27 décembre 1977

Urt

Crise violente de larmes

(à propos d'une histoire de beurre et de beurrier avec Rachel et Michel). 1) Douleur de devoir vivre avec un *autre* « ménage ». Tout ici à U. me renvoie à *son* ménage, à *sa* maison. 2) Tout couple (conjugal) forme bloc dont l'être seul est exclu.

29 décembre 1977

L'*indescriptible* de mon deuil vient de ce que je ne l'hystérise pas : malaise continu, très particulier.

1er janvier 1978

Urt, chagrin intense et continu ; sans cesse écorché. Le deuil empire, s'approfondit. Au début, chose bizarre, j'avais une sorte d'intérêt à explorer la situation nouvelle (la solitude).

8 janvier

Tout le monde est « très gentil » – et pourtant je me sens seul. (« Abandonnite »).

16 janvier 1978

Plus beaucoup de notations – mais : détresse – malaise continu coupé de détresses (aujourd'hui, détresse. On n'écrit pas le malaise).

Tout m'écorche. Un rien soulève en moi l'abandon.

Je supporte mal les autres, le vouloir-vivre des autres, l'univers des autres. Attiré par une décision de retraite loin des autres [ne supporte plus l'univers Y.]

16 janvier 1978

Mon univers : mat. Rien n'y résonne vraiment – rien n'y cristallise.

17 janvier 1978

Cette nuit, cauchemars : mam. en proie à des malaises.

18 janvier 1978

L'Irrémédiable est à la fois ce qui me déchire et ce qui me contient (aucune possibilité hystérique de *chantage* à la souffrance, puisque c'est joué).

22 janvier 1978

Je n'ai pas envie mais besoin de solitude.

12 février 1978

Sentiment difficile (désagréable, décourageant) d'un *manque de générosité*. J'en souffre.

Je ne puis que mettre cela en rapport avec l'image de mam., si parfaitement généreuse (et elle qui me disait : tu es bon).

Je croyais, elle, disparue, que je sublimerais cette disparition par une sorte de perfection de « bonté », l'abandon de toute mesquinerie, de toute jalousie, de tout narcissisme. Et je deviens de moins en moins « noble », « généreux ».

12 février 1978

Neige, beaucoup de neige sur Paris ; c'est étrange.

Je me dis et j'en souffre : elle ne sera jamais plus là pour le voir, pour que je le lui raconte.

16 février 1978

Ce matin, encore la neige, et à la Radio, des lieder. Quelle tristesse ! – Je pense aux matins où, malade, je n'allais pas en classe et où j'avais le bonheur de rester avec elle.

18 février 1978

Deuil : j'ai appris qu'il était immuable et sporadique : *il ne s'use pas*, parce qu'il n'est pas continu.

Si les interruptions, les sauts étourdis vers autre chose viennent d'une agitation mondaine, d'une importunité, la dépression s'accroît. Mais si ces « changements » (qui font le sporadique) vont vers le silence, l'intériorité, la blessure de deuil passe à une pensée plus haute. *Trivialité* (de l'affolement) ≠ *Noblesse* (de la Solitude).

18 février 1978

Je croyais que la mort de mam. ferait de moi quelqu'un de « fort », puisque accédant à l'indifférence du mondain. Mais cela a été tout le contraire : je suis encore plus fragile (normal : pour un rien en état d'abandon).

21 février 1978

[Bronchite. Première maladie depuis la mort de mam.]

Ce matin, pensé sans cesse à mam. Tristesse nauséeuse. Nausée de l'Irrémédiable.

2 mars 1978

La chose qui me fait supporter la mort de mam., ça ressemble à une sorte de jouissance de la liberté.

6 mars 1978

Mon manteau est si triste que l'écharpe noire ou grise que je mettais toujours, il me semble que mam. ne l'aurait pas supportée et j'entends sa voix me disant de mettre un peu de couleur.

Pour la première fois, donc, je prends une écharpe de couleur (écossaise).

19 mars 1978

M. et moi éprouvons que paradoxalement (puisque d'ordinaire, on dit : Travaillez, distrayez-vous, voyez du monde), c'est lorsque nous sommes bousculés, affairés, sollicités, *extériorisés*, que nous avons le plus de chagrin. L'intériorité, le calme, la solitude le rendent moins douloureux.

20 mars 1978

On dit (me dit Mme Panzera [1]) : le Temps apaise le deuil – Non, le Temps ne fait rien passer ; il fait passer seulement l'*émotivité* du deuil.

1. Il s'agit probablement de l'épouse de Charles Panzera, mort le 6 juin 1976 à l'âge de 80 ans, et auprès de qui Roland Barthes, avec son camarade Michel Delacroix, avait pris des cours de chant au tout début des années 1940.

22 mars 1978

Quand le chagrin, le deuil prend son régime de croisière…

22 mars 1978

L'émotion (l'émotivité) passe, le chagrin reste.

23 mars 1978

Apprendre la (terrible) séparation de l'émotivité (elle s'apaise) et du deuil, du chagrin (il *est là*).

23 mars 1978

Hâte que j'ai (sans cesse vérifiée depuis des semaines) de retrouver la liberté (débarrassé des retards) de me mettre au livre sur la Photo, c'est-à-dire d'intégrer mon chagrin à une écriture.

Croyance et, semble-t-il, vérification que l'écriture transforme en moi les « stases » de l'affect, dialectise les « crises ».

– Le Catch : écrit, plus besoin d'en voir
– Le Japon : idem
– Crise Olivier → *Sur Racine*
– Crise RH → *Discours Amoureux*

[– Peut-être Neutre → Transformation de la peur du Conflit ?] [1]

1. Résumant l'argument de son cours sur « Le Neutre », Roland Barthes précisera quelques semaines plus tard : « [...] on a défini comme relevant du Neutre toute inflexion qui esquive ou déjoue la structure paradigmatique, oppositionnelle, du sens, et vise par conséquent à la suspension des données conflictuelles du discours », *Le Neutre, opus cit.*, p. 261. Pour la séance du 6 mai 1978, il écrit notamment : « Façons d'esquiver le conflictuel, de "prendre la tangente" (c'est un peu tout le cours) » (p. 167).

Pour le catch, voir *Mythologies*, Seuil, 1957 ; pour le Japon, *L'Empire des signes*, Skira, 1971 ; *Sur Racine*, Seuil, 1963 ; *Fragments d'un discours amoureux*, Seuil, 1977.

24 mars 1978

Le chagrin, comme une pierre…
(à mon cou,
au fond de moi)

25 mars

Hier, j'explique à Damisch que l'émotivité passe, que le chagrin reste – Il me dit : Non, l'émotivité revient, vous verrez.

Cette nuit, cauchemar sur maman perdue. Je suis bouleversé, au bord des larmes.

1er avril 1978

En fait, au fond, toujours ceci : *comme* si j'étais *comme* mort.

2 avril 1978

Qu'ai-je à perdre maintenant que j'ai perdu la Raison de ma vie – la Raison d'avoir peur pour quelqu'un.

3 avril 1978

« Je souffre de la mort de mam. »
(Cheminement pour arriver à la lettre)

3 avril

Désespoir: le mot est trop théâtral, il fait partie du langage.

Une pierre.

10 avril 1978

Urt. Film de Wyler, *La Vipère* (*The Little Foxes*) avec Bette Davis.

– La fille parle à un moment de « poudre de riz ».

– Toute ma petite enfance me revient. Maman. La boîte à poudre de riz. Tout est là, présent. *Je suis là.*

→ *Le Moi ne vieillit pas.*

(Je suis aussi « frais » que du temps de la Poudre de riz »)

Vers le 12 avril 1978

Écrire pour se souvenir ? Non pour *me* souvenir, mais pour combattre le déchirement de l'oubli *en tant qu'il s'annonce absolu.* Le – bientôt – « plus aucune trace », nulle part, en personne.

Nécessité du « Monument ».
Memento illam vixisse. [1]

1. Souviens-toi que celle-là a vécu.

18 avril 1978
Marrakech

Depuis que mam. n'est plus, je n'ai plus cette impression de liberté que j'avais en voyage (quand je la quittais pour peu de temps).

Deuil   Gardet
Mystique, 24 [1]

[Vacillations, Fadings, passage de l'aile du Définitif]

(Inde)

= « affirmation sans bavure d'une apophase radicale, voie de *nescience* intellectuelle vécue. »

– les Fadings de Deuil = des *Satoris* (v. p. 42)

« vide de toute fluctuation mentale »

(« briser toute distinction sujet-objet »)

1. Louis Gardet, *La Mystique*, PUF, 1970.

Casa, 21 avril 1978 [1]

Deuil

Pensée de la mort de mam. : brusques et fugitives vacillations, fadings très courts, prises poignantes et cependant comme vides, dont l'essence est : la certitude du Définitif.

1. C'est au cours de ce séjour au Maroc que Roland Barthes éprouva, le 15 avril, un éblouissement analogue « à l'illumination que le Narrateur proustien connaît à la fin du *Temps retrouvé* ». Cette illumination se trouve au cœur du projet *Vita Nova* (cf. note 1, p. 84) et de son cours sur *La Préparation du roman* (Paris, Seuil / IMEC, 2003, p. 32).

Deuil

Casa
27 avril 1978
matin de mon
retour à Paris

– Ici, pendant quinze jours, je n'ai cessé de penser à mam., et de souffrir de sa mort.

– Sans doute qu'à Paris, il y a encore *la maison*, le système qui était le mien quand elle était là.

– Ici, loin, tout ce système s'écroule. Ce qui fait, paradoxalement, que je souffre beaucoup plus lorsque je suis « à l'extérieur », loin d'« elle », dans le plaisir (?), la « distraction ». Là où le monde me dit « Tu as tout ici pour oublier », d'autant moins j'oublie.

Deuil

Casa
27 avril 1978

– Après la mort de mam. je crois : sorte de libération dans la bonté, elle survivant d'autant plus intensément comme modèle (Figure) et moi libéré de la « peur » (de l'asservissement) qui est à l'origine de tant de mesquineries (car, désormais, tout ne m'est-il pas indifférent ? L'indifférence (à l'égard de soi) n'est-elle pas la condition d'une sorte de bonté ?).

– Mais c'est, hélas, le contraire qui se passe. Non seulement, je n'abandonne aucun de mes égoïsmes, de mes petits attachements, je continue sans cesse à « me préférer », mais encore, je n'arrive pas à investir amoureusement en un être ; tous me sont un peu indifférents, même les plus chers. J'éprouve – et c'est dur – la « sécheresse de cœur » – l'acédie.

1er mai 1978

Penser, savoir que mam. est morte *à jamais, complètement* (« complètement » qui ne peut se penser que par violence et sans qu'on puisse se tenir longtemps à cette pensée), c'est penser, lettre pour lettre (littéralement, et simultanément), que moi aussi je mourrai *à jamais et complètement.*

Il y a donc, dans le deuil (celui de cette sorte, le mien), un apprivoisement radical et *nouveau* de la mort ; car, avant, ce n'était que savoir *emprunté* (gauche, venu des autres [1], de la philosophie, etc.), mais maintenant, c'est *mon* savoir. Il ne peut me faire *guère* plus de mal que mon deuil.

1. La graphie est ici incertaine : on peut également lire « arts » plutôt que « autres ».

6 mai 1978

Aujourd'hui – déjà de mauvaise humeur –, moment, vers la fin de l'après-midi, de tristesse affreuse. Un très bel air de basse de Haendel (*Semele*, 3e acte) me fait pleurer. Je pense au mot de mam. (« Mon R, mon R »).

8 mai 1978

(En vue du jour où je pourrai enfin écrire)

Enfin ! séparé de cette écriture en qui je mettais la respiration même, le *reprendre souffle* de mon chagrin, par mille et une importunités harassantes, enfin –

(séparé de mon chagrin par les autres, séparé par eux du « Philosopher »)

Je tendais les bras non vers l'image, mais vers le philosopher [de] cette image [1].

1. Roland Barthes a finalement raturé la préposition « de » ; nous la mentionnons entre crochets afin de proposer au lecteur les deux sens successivement envisagés par l'auteur.

10 mai 1978

Depuis plusieurs nuits, images – cauchemars où je vois mam. malade, frappée. Terreur.

Je souffre de *la peur de ce qui a eu lieu.*

Cf. Winnicott : peur d'un effondrement *qui a eu lieu*[1].

1. Cf. Donald Woods Winnicott, “La crainte de l'effondrement”, *Nouvelle revue française de psychanalyse*, n° 11, Gallimard, printemps 1975.

10 mai 1978

La solitude où me laisse la mort de mam. me laisse seul dans des domaines où elle n'avait point part : dans ceux de mon travail. Je ne puis lire des attaques (des blessures) concernant ces domaines, sans me sentir lamentablement plus seul, plus abandonné qu'avant : effondrement du Recours, même si lorsqu'il était là je n'y recourais jamais directement.

Métonymie *exhaustive* (panique) du Deuil, de l'Abandon.

12 mai 1978
[Deuil]

J'oscille – dans l'obscurité – entre la constatation (mais précisément : juste ?) que je ne suis malheureux que par moments, par à-coups, d'une façon sporadique, même si ces spasmes sont rapprochés – et la conviction qu'*au fond, en fait*, je suis *sans cesse*, tout le temps, malheureux depuis la mort de mam.

17 mai 1978

Hier soir, film stupide et grossier, *One Two Two*. Cela se passe à l'époque de l'affaire Stavisky, que j'ai vécue. En général, cela ne me rappelle rien. Mais tout d'un coup, un détail de décor me bouleverse : simplement une lampe à abat-jour plissé, cordelière pendant. Mam. en faisait – comme elle avait fait du batik. Tout elle me saute au visage.

18 mai 1978

Comme l'amour, le deuil frappe le monde, le mondain, d'irréalité, d'importunité. Je résiste au monde, je souffre de ce qu'il me demande, de sa demande. Le monde accroît ma tristesse, ma sécheresse, mon désarroi, mon irritation, etc. Le monde me déprime.

18 mai 1978

(hier)

Du Flore, je vois une femme assise sur le rebord d'une fenêtre de la Hune ; elle tient un verre à la main, a l'air de s'ennuyer ; des hommes de dos, le premier étage est plein. C'est un cocktail.

Cocktails de Mai. Sensation triste, déprimante de stéréotype social et saisonnier. Poignant. Je pense : mam. n'est plus là et la vie stupide continue.

18 mai 1978

La mort de mam. : peut-être est-ce la *seule chose*, dans ma vie, que je n'ai pas pris névrotiquement. Mon deuil n'a pas été hystérique, à peine visible aux autres (peut-être parce que l'idée de la « théâtraliser » m'aurait été insupportable) ; et sans doute, plus hystérique, affichant ma dépression, renvoyant tout le monde, cessant de vivre socialement, aurais-je été moins malheureux. Et je vois que la non-névrose, ce n'est pas bon, ce n'est pas bien.

25 mai 1978

Quand mam. vivait (c'est-à-dire toute ma vie passée), j'étais dans la névrose par peur de la perdre.

Maintenant (c'est là ce que le deuil m'apprend), ce deuil est pour ainsi dire le seul point de moi qui ne soit pas névrotique : comme si mam. par un dernier don, avait emporté loin de moi la mauvaise partie, la névrose.

28 mai 1978

La vérité du deuil est toute simple : maintenant que mam. est morte, je suis acculé à la mort (rien ne m'en sépare plus que le temps).

31 mai 1978

En quoi mam. est présente dans tout ce que j'ai écrit : en ce qu'il y a là partout une idée du Souverain Bien.

(voir article JL et Éric M. sur moi pour *l'Encyclopaedia Universalis*) [1]

1. Il s'agit de l'entrée « Roland Barthes » du supplément de l'*Encyclopaedia Universalis* de l'année 1978.

31 mai 1978

Ce n'est pas de solitude que j'ai besoin, c'est d'anonymat (de travail).

Je transforme « Travail » au sens analytique (Travail du Deuil, du Rêve) en « Travail » réel – d'écriture.

car :
le « Travail » par lequel (dit-on) on sort des grandes crises (amour, deuil) ne doit pas être liquidé hâtivement ; pour moi il n'est *accompli* que dans et par l'écriture.

5 juin 1978

Chaque sujet (c'est ce qui apparaît de plus en plus) agit (se démène) pour être « *reconnu* ».

Pour moi, à ce point de ma vie (où mam. est morte) j'étais *reconnu* (par les livres). Mais chose étrange – peut-être fausse ? –, j'ai le sentiment obscur qu'elle n'étant plus là, il me faut me faire reconnaître de nouveau. Ce ne peut être en faisant n'importe quel livre de plus : l'idée de *continuer* comme par le passé à aller de livre en livre, de cours en cours m'a été tout de suite mortifère (je voyais cela *jusqu'à ma mort*).

(D'où mes efforts actuels de démission).

Avant de reprendre avec *sagesse et stoïcisme*, le cours (d'ailleurs non prévu) de l'œuvre, il m'est nécessaire (je le sens bien) de faire ce livre autour de mam.

En un sens, aussi, c'est comme si il me fallait *faire reconnaître mam.* Ceci est le thème du « monument » ; mais :

Pour moi, le Monument n'est pas le *durable*, l'*éternel* (ma doctrine est trop profondément le *Tout passe* : les tombes meurent aussi), il est un acte, *un actif* qui *fait* reconnaître.

(7 Juin. Exposition « Dernière années
de Cézanne »[1], avec AC)

Mam. : comme du Cézanne (les aquarelles de la fin).

Le bleu Cézanne.

1. L'exposition « Cézanne, les dernières années » s'est tenue au Grand Palais à Paris du 20 avril au 23 juillet 1978.

9 juin 1978

Par amour, FW est ravagé, souffre, reste prostré, requis, absent à tout, etc. Cependant il n'a perdu personne, l'être qu'il aime vit, etc. Et moi, à côté de lui, moi qui l'écoute, j'ai l'air calme, attentif, présent, comme si quelque chose d'*infiniment plus grave* ne m'était pas arrivé.

9 juin 1978

Ce matin, traversé l'église Saint-Sulpice, dont la simple vastitude architecturale m'enchante : être *dans* l'architecture – Je m'assieds une seconde ; sorte de « prière » instinctive : que je réussisse le livre *Photo-Mam.* Et puis je remarque que je suis toujours à demander, à vouloir quelque chose, toujours tiré en avant par le Désir enfantin. Un jour, s'asseoir au même endroit, fermer les yeux et ne rien demander… Nietzsche : ne pas prier, bénir.

N'est-ce pas cela que le deuil devrait amener ?

9 juin 1978

(Deuil)
Non Continu, mais Immobile.

9 juin 1978

Il faut (envie de) prendre soin à une sorte d'*harmonie* entre ce qu'a été l'être aimé et ce qui se présente après sa mort : mam. enterrée à Urt, sa tombe, ses affaires rue de l'Avre [1].

1. À Paris, dans le XVe arrondissement : là résidait un pasteur protestant ami de la famille Barthes, à qui furent données les « affaires » d'Henriette Barthes pour les œuvres de son église.

11 juin 1978

L'après-midi avec Michel, trié les affaires de mam.

Commencé le matin à regarder ses photos.

Un deuil atroce recommence (mais n'avait cessé).

Recommencer sans repos. Sisyphe.

12 juin 1978

Pendant tout le temps du deuil, du Chagrin (si dur que : je n'en peux plus, je ne surmonterai pas, etc.), continuaient à fonctionner, imperturbablement (comme mal élevées) des habitudes de flirts, d'amourachements, tout un discours du désir, du *je-t'aime* – qui au reste retombait très vite – et recommençait sur un autre.

12 juin 1978

Crise de chagrin. Je pleure.

13 juin 1978

Non pas supprimer le deuil (le chagrin) (idée stupide du temps qui abolira) mais le changer, le transformer, le faire passer d'un état statique (stase, engorgement, récurrences répétitives de l'identique) à un état fluide.

13 juin 1978

[Colère de M. hier soir. Plaintes de R.]

Ce matin, à grand peine, reprenant les photos, bouleversé par une où mam. petite fille, douce, discrète à côté de Philippe Binger (Jardin d'hiver de Chennevières, 1898) [1].

Je pleure.

Pas même l'envie de se suicider.

1. Cette photo est au cœur de la deuxième partie de *La Chambre claire* (Les Cahiers du cinéma, Gallimard, Le Seuil, 1980).

13 juin 1978

Manie qu'ont les gens (en l'occurrence le gentil Severo) de définir spontanément le deuil par des phénomènes : Tu n'es pas content de ta vie ? – Mais si, ma « vie » va bien, je n'y ai aucun manque phénoménal ; mais sans aucun trouble extérieur, sans « incidences », un manque absolu : précisément, ce n'est pas le « deuil », c'est le *chagrin* pur – sans substituts, sans symbolisation.

14 juin 1978

(Huit mois après) : le second deuil.

(15 Juin)

Tout recommençait aussitôt : arrivées de manuscrits, demandes, histoires des uns et des autres et, chacun poussant devant lui, impitoyablement, sa petite demande (d'amour, de reconnaissance) : à peine eut-elle disparu, le monde m'assourdit de : *ça continue.*

15 juin 1978

Bizarre : beaucoup souffert et cependant – à travers l'épisode des Photos – sensation que le *vrai deuil* commence (aussi parce qu'est tombé l'écran des fausses tâches).

16 juin 1978

Parlant à Cl. M. de l'angoisse que j'ai à voir les photos de maman, à envisager un travail à partir de ces photos : elle me dit : c'est peut-être prématuré.

Quoi, toujours la même *doxa* (la mieux intentionnée du monde) : le deuil va *mûrir* (c'est-à-dire que le temps le fera tomber comme un fruit, ou éclater comme un furoncle).

Mais pour moi, le deuil est immobile, non soumis à un *processus* : rien n'est *prématuré* à son égard (ainsi ai-je rangé l'appartement, dès le retour d'Urt : on aurait pu dire aussi : c'est prématuré).

17 juin 1978

1er deuil
fausse liberté

2e deuil
liberté désolée
mortelle, sans
emploi digne

20 juin 1978

En moi, luttent la mort et la vie (discontinu et comme ambiguïté du deuil) (qui l'emportera ?) – mais pour le moment une vie *bête* (petites affaires, petits intérêts, petits rendez-vous).

Le problème dialectique, est que la lutte débouche sur une vie *intelligente*, et non une vie-écran.

21 juin

Relu pour la première fois ce journal de deuil. Pleuré chaque fois qu'il y est question d'elle – de sa personne – non de moi.

L'émotivité, donc, revient.
Fraîche comme au premier jour de deuil.

Suite du journal

24 juin 1978 → 25 octobre 1978

24 juin 1978

Au deuil intériorisé, il n'y a guère de signes.

C'est l'accomplissement de l'intériorité absolue. Toutes les sociétés *sages*, cependant, ont prescrit et codifié l'extériorisation du deuil.

Malaise de la nôtre en ce qu'elle nie le deuil.

(5 juillet 1978)
(Painter II, p. 68 [1])

Deuil / Chagrin
(Mort de la Mère)
Proust parle de *chagrin*, non de *deuil* (mot nouveau, psychanalytique, qui défigure).

1. George D. Painter, *Marcel Proust. Tome II : Les années de maturité (1904-1922)*, trad. de l'anglais par G. Cattaui et R.-P. Vial, Paris, Mercure de France, 1966.

(6 juillet 1978)
Painter II, p. 405

Automne 1921
Proust manque mourir (prend trop de véronal).
– Céleste : « Nous nous retrouverons tous dans la Vallée de Josaphat
– Ah ! croyez-vous vraiment qu'on doive se retrouver ? Si j'étais sûr, moi, de retrouver Maman, je mourrais tout de suite »

9 juillet 1978

Quittant l'appartement pour le Maroc, j'ôte la fleur mise à la place où mam. a été malade – et de nouveau la peur atroce (de sa mort) me prend : cf. Winnicott : combien vrai : *la peur de ce qui a eu lieu.* Mais chose plus étrange : *et qui ne peut revenir.* Et c'est cela même la définition du *définitif.*

13 juillet 1978

Deuil

Moulay Bou Selham [1]

Je vis les hirondelles voler dans le soir d'été. Je me dis – pensant avec déchirement à mam. – quelle barbarie de ne pas croire aux âmes – à l'immortalité des âmes ! quelle imbécile vérité que le matérialisme !

1. Quartier de Casablanca.

Deuil
RTP II, 769[1]

[La mère après la mort de la grand-mère]

… « cette incompréhensible contradiction du souvenir et du néant. »

1. Marcel Proust, *À la Recherche du temps perdu*, édition établie par Pierre Clarac et André Ferré, tome II, Paris, Librairie Gallimard, « Bibliothèque de la Pléiade », 1956.

Deuil 18 juillet 1978

(Casa)

Encore rêvé de mam. Elle me disait – ô cruauté – que je ne l'aimais pas bien. Mais cela me laissait calme, tant je savais que c'était faux.

Idée que la mort serait un sommeil. Mais ce serait affreux s'il fallait rêver éternellement.

(Et ce matin, son anniversaire. Je lui offrais toujours une rose. J'en achète deux au petit marché de Mers Sultan, que je mets sur ma table)

18 juillet 1978

Chacun son rythme de chagrin.

Deuil 20 juillet 1978

Impossibilité – indignité – de confier à une drogue – sous prétexte de dépression – le chagrin, comme si c'était une maladie, une « possession » – une aliénation (quelque chose qui vous rend étranger) – alors que c'est un bien essentiel, intime…

Deuil 21 juillet 1978

Mehioula. – Après m'être senti mal partout (au point d'avancer la date de mon retour), je trouve à M. un peu de paix et comme de bonheur ; la dépression cède. Je comprends alors ce que je ne supporte pas : la mondanité, le monde, fût-il exotique (Moulay Bou Selham, Casa) et ce qu'il me faut : *un dépaysement doux* : l'absence de monde (de *mon* monde) sans la solitude (même à El Jadida, où je retrouve les amis, je me sens moins bien) ; mais ici je n'ai que Moka dont je comprends à grand peine la conversation (bien qu'il me parle souvent), sa femme jolie et muette, ses gosses, sauvages, les garçons de l'Oued, désirants, Angel qui m'apporte un énorme bouquet de lys et de glaïeuls jaunes, les chiens (raffût d'ailleurs la nuit), etc.

Deuil 24 juillet 1978

Mehioula

Dans tout voyage, finalement, ce cri – chaque fois que je pense à elle : *je veux revenir!* (je veux rentrer !) – bien que je sache qu'elle n'est pas là pour m'attendre.

(Rentrer là où elle n'est pas ? – là où rien d'étranger, d'indifférent, ne me rappelle qu'elle n'est plus là.)

[Déjà ici à Mehioula, où j'ai été si proche d'une solitude supportable, où je me suis senti en somme le mieux de tous mes voyages, ici, dès que le « monde » montrait son nez (amis de Casa, petite radio, amis de El Jadida, etc.), je me sentais moins bien.]

Deuil

Mehioula
24 juillet 1978

Dernier jour à M.

Matin. Soleil, un oiseau, au chant particulier, littéraire, bruits de campagne (un moteur), solitude, paix, aucune agression.

Et cependant – ou plus que jamais, dans un air *pur*, je me mets à pleurer en pensant au mot de mam. qui me brûle et me dévaste toujours : mon R ! mon R ! (Je n'ai pu le dire à personne).

Deuil 24 juillet 1978

Ce que mam. m'a donné: *la régularité dans le corps*: non la Loi, mais la Règle (Efficacité mais peu de disponibilité).

Deuil 24 juillet 1978

ou Φ[1]

Photo du Jardin d'Hiver : je cherche éperdument à dire le sens évident.

(Photo : impuissance à dire ce qui est évident. Naissance de la littérature)

« Innocence » : qui ne nuira jamais.

1. Signe abrégé pour le mot « photographie », que Roland Barthes adopte abondamment dans ses notes préparatoires à *La Chambre claire*. Cf. Jean-Louis Lebrave, « Point sur la genèse de *La Chambre claire* », *Genesis* n° 19, éd. Jean-Michel Place, Paris, 2002.

[Hier soir, 26 juillet 78, rentrant de Casa, dîner avec les amis. Au restaurant (du Pavillon du lac), Paul disparaît ; JL croit que c'est à la suite d'une friction entre eux. Il est aux 400 coups, part le chercher, revient en sueur, angoissé, culpabilisé – rappelle des poussées suicidaires de P., etc. ; repart, va le chercher dans des parcs, etc.]

On discute : comment savoir ? P. est fou (happening) ou cruel (je dis – m'entendant : *impoli*) (Toujours ce problème de la folie).

→ Et je pense : *Mam. m'a appris qu'on peut ne pas faire souffrir qui on aime.*

Elle n'a jamais fait souffrir qui elle aimait. C'était là sa définition, son « *innocence* ».

Bibliothèque nationale 29 juillet 1978
Bonnet 29 [1]

Lettre de Proust à André Beaunier après la mort de sa mère, 1906.

Proust explique qu'il ne pouvait avoir de bonheur que dans son chagrin… (mais se sent coupable car a été pour sa mère, à cause de sa mauvaise santé, source de soucis) « Si cette pensée ne me déchirait sans cesse, je trouverais dans le souvenir, dans la survivance, dans la communion parfaite où nous vivions une douceur que je ne connais pas »

– p. 31. Lettre à Georges de Lauris qui vient de perdre sa mère (1907).

« Maintenant, je peux vous dire une chose : vous

1. Henri Bonnet, *Marcel Proust de 1907 à 1914*, Paris, Nizet, 1971.

aurez des douceurs que vous ne pouvez pas croire encore. Quand vous aviez votre mère vous pensiez beaucoup aux jours de maintenant où vous ne l'auriez plus. Maintenant vous penserez beaucoup aux jours d'autrefois où vous l'aviez. Quand vous serez habitué à cette chose affreuse que c'est à jamais rejeté dans l'autrefois, alors vous la sentirez tout doucement revivre, revenir prendre sa place, toute sa place près de vous. En ce moment ce n'est pas encore possible. Soyez inerte, attendez que la force incompréhensible (...) qui vous a brisé, vous relève un peu, je dis un peu car vous garderez toujours quelque chose de brisé. Dites-vous cela aussi car c'est une douceur de savoir qu'on n'aimera jamais moins, qu'on ne se consolera jamais, qu'on se souviendra de plus en plus. »

29 juillet 1978

(Vu un film de Hitchcock, *Les Amants du Capricorne*)

Ingrid Bergman (c'était vers 1946) : je ne sais pourquoi, je ne sais comment le dire, cette actrice, le corps de cette actrice m'émeut, vient toucher en moi quelque chose qui me rappelle mam. : sa carnation, ses belles mains si simples, une impression de fraîcheur, une féminité non-narcissique…

Paris 31 juillet 1978

J'habite mon chagrin et cela me rend heureux.

Tout m'est insupportable qui m'empêche d'habiter mon chagrin.

31 juillet 1978

Je ne souhaite rien d'autre que d'habiter mon chagrin

1er août 1978

[Peut-être déjà noté]

Me suis toujours (douloureusement) étonné de pouvoir – finalement – vivre avec mon chagrin, ce qui veut dire qu'il est à la lettre *supportable.* Mais – sans doute – c'est parce que je peux, tant bien que mal (c'est-à-dire avec le sentiment de ne pas y arriver) le parler, le phraser. Ma culture, mon goût de l'écriture me donne ce pouvoir apotropaïque, ou d'*intégration*: j'*intègre**, par le langage.

Mon chagrin est *inexprimable* mais tout de même *dicible.* Le fait même que la langue me fournit le mot « intolérable » accomplit immédiatement une certaine tolérance

* faire entrer dans un ensemble – fédérer – socialiser, communiser, se grégariser.

1er août 1978

Déception de divers lieux et voyages. Ne suis bien nulle part. Très vite, ce cri : *Je veux rentrer !* (mais où ? puisqu'elle n'est plus nulle part, qui était là où je *pouvais rentrer*). Je cherche ma place. *Sitio.*

1er août 1978

La littérature, c'est ça : que je ne puis lire sans douleur, sans suffocation de vérité, tout ce que Proust écrit dans ses lettres sur la maladie, le courage, la mort de sa mère, son chagrin, etc.

1er août 1978

Horrible figure du deuil : l'acédie, la sécheresse de cœur : irritabilité, impuissance à aimer. Angoissé parce que je ne sais comment remettre de la générosité dans ma vie – ou de l'amour. Comment aimer ?

– Plus proche de la Mère (du Curé) de Bernanos que du schème freudien.

– Comment j'aimais maman : je ne résistais jamais à aller la retrouver, me faisais une fête de la revoir (vacances), la mettais dans ma « liberté » ; bref je l'*associais* profondément, scrupuleusement. L'acédie vient de cette désolation : pas un, autour de moi, pour qui j'aurais le courage de faire la même chose. Égoïsme désolé.

1er août 1978

Deuil. À la mort de l'être aimé, phase aiguë de narcissisme : on sort de la maladie, de la servitude. Puis peu à peu, la liberté se plombe, la désolation s'installe, le narcissisme fait place à un égoïsme triste, une absence de générosité.

3 août 1978

Parfois (comme hier, dans la cour de la Bibliothèque nationale), comment dire cette pensée fugitive comme un éclair, que mam. n'est plus là *à jamais*; une sorte d'aile noire (du définitif) passe sur moi et me coupe le souffle ; une douleur si aiguë qu'on dirait que pour survivre je dérive aussitôt vers autre chose.

3 août 1978

Exploration de mon besoin (vital, semble-t-il) de solitude : et cependant j'ai un besoin (non moins vital) de mes amis.

Il faudrait donc : 1) me demander à moi-même que je les « appelle » de temps en temps, que j'en trouve l'énergie, que je combatte mon apathie – notamment téléphonique ; 2) leur demander de comprendre qu'il faut surtout me laisser les appeler. S'ils me faisaient moins souvent, moins systématiquement signe, cela aurait pour moi un sens que moi je leur fasse signe.

Deuil 3 août 1978

Ne veux faire que des voyages où je n'ai pas le temps de dire : *je veux rentrer !*

(10 août 1978)
Proust SB 87 [1]

« La beauté n'est pas comme un superlatif de ce que nous imaginons, comme un type abstrait que nous avons devant les yeux, mais au contraire un type nouveau, impossible à imaginer que la réalité nous présente. »

[De même : mon chagrin n'est pas comme le superlatif de la peine, de l'abandon, etc., comme un type abstrait (qui pourrait être rejoint par le métalangage), mais au contraire un type nouveau, etc.]

1. Marcel Proust, *Contre Sainte-Beuve*, édition établie par Bernard de Fallois, Paris, Gallimard, 1954 (la pagination utilisée par Barthes renvoie à l'édition de poche en collection « Idées-Gallimard » parue en 1965 ; dans l'édition de 1954, il s'agit de la page 80).

10 août 1978

Proust, *Contre Sainte-Beuve*, 146

Sur sa mère :

… « et les belles lignes de son visage…, tout empreint de douceur chrétienne et de courage janséniste [protestant]… » [1]

1. La citation de Proust (p. 128 dans l'édition de 1954) est : « Et les belles lignes de son visage juif, tout empreint de douceur chrétienne et de courage janséniste, en faisaient Esther elle-même, dans cette petite représentation de famille, presque de couvent, imaginée par elle pour distraire le despotique malade qui était là dans son lit ». C'est Roland Barthes qui ajoute « protestant » entre crochets, la confession religieuse de sa mère.

(10 Août 78)
Sainte-Beuve, 356

« *Nous nous taisions tous les deux.* »

Pages déchirantes sur la séparation de Proust et de sa mère :

« Mais si j'étais partie pour des mois, pour des années, pour… »

« Nous nous taisions tous les deux… etc. »

et : « J'ai dit : toujours. Mais le soir (…) les âmes sont immortelles et sont un jour réunies…

(10 août 1978)

Frappé par ceci que Jésus aimait Lazare et qu'avant de le ressusciter, il pleure (Jean, 11).

« Seigneur, celui que tu aimes est malade. »

« Quand il apprit que celui-ci était malade, il resta encore deux jours à l'endroit où il se trouvait. »

« Notre ami Lazare repose ; je vais aller le réveiller. » [le ressusciter]

… « Jésus frémit intérieurement. Troublé, etc. »

11, 35. « Seigneur, viens et vois. » Jésus pleura. Les Juifs dirent alors : « Comme il l'aimait ! »

Frémissant de nouveau en lui-même….

(10 août 1978)

[Portrait de la grand-mère de Robert de Flers, qui vient de mourir, par Proust (*Chroniques*, p. 72 [1])

« Moi qui avais vu *ses larmes de grand'mère – ses larmes de petite fille* – ...]

1. Marcel Proust, *Chroniques*, édition établie par Robert Proust, Gallimard, 1927. Le texte évoqué est intitulé « Une grand'mère » et avait paru dans *Le Figaro* du 23 juillet 1907. C'est Roland Barthes qui souligne, et l'indication de page est décalée : il s'agit en fait des pages 67-68.

11 août 1978

Feuilletant un album de Schumann, je me souviens immédiatement que mam. avait aimé les Intermezzi (que j'avais fait passer une fois à la radio).

Mam. : peu de paroles entre nous, je restai silencieux (mot de La Bruyère cité par Proust), mais je me souviens du moindre de ses goûts, de ses jugements.

12 août 1978

(Haïku. Munier. p. XXII[1])

Calme du week-end du 15 Août ; pendant que la Radio donne le *Prince de bois* de Bartok, je lis ceci (dans la visite du Temple de Kashino, grand récit de voyage de Bashô) : « Nous restâmes assis tout un long moment dans le plus extrême silence. »

J'éprouve sur le coup une sorte de satori, doux, heureux, comme si mon deuil s'apaisait, se sublimait, se réconciliait, s'approfondissait sans s'annuler – comme si « je me retrouvais ».

1. Roger Munier, *Haïku*, préface d'Yves Bonnefoy, Paris, Fayard, coll. « Documents spirituels », 1978.

18 août 1978

Pourquoi est-ce que je ne supporte plus de voyager ? Pourquoi est-ce que je veux tout le temps, comme un gosse perdu, « rentrer chez moi » – où pourtant mam. n'est plus là ?

Continuer à « parler » avec mam. (la parole partagée étant la présence) ne se fait pas en discours intérieur (je n'ai jamais « parlé » avec elle), mais en mode de vie : j'essaye de continuer à vivre quotidiennement selon ses valeurs : retrouver un peu la nourriture qu'elle faisait en la faisant moi-même, maintenir son ordre ménager, cette alliance de l'éthique et de l'esthétique qui était sa manière incomparable de vivre, de faire le quotidien. Or cette « personnalité » de l'empirique ménager n'est pas possible en voyage – n'est possible que chez moi. Voyager, c'est me séparer d'elle – plus encore maintenant qu'elle n'est plus là – qu'elle n'est plus que le plus intime du quotidien.

18 août 1978

L'endroit de la chambre où elle a été malade, où elle est morte et où j'habite maintenant, le mur contre lequel la tête de son lit s'appuyait j'y ai mis une icône – non par foi – et j'y mets toujours des fleurs sur une table. J'en viens à ne plus vouloir voyager pour que je puisse être là, pour que les fleurs n'y soient jamais fanées.

18 août 1978

Partager les *valeurs* du quotidien silencieux (gérer la cuisine, la propreté, les vêtements, l'esthétique et comme le passé des objets), c'était ma manière (silencieuse) de converser avec elle. – Et c'est ainsi qu'elle n'étant plus là, je peux encore le faire.

21 août 1978

Au fond le trait commun des dépressions, des moments où *ça ne va pas* (voyages, situations mondaines, quelques côtés d'Urt, demandes crypto-amoureuses), ce serait ceci : que je ne supporte pas ce que – fût-ce par relais – je pourrais prendre pour une *substitution* de mam.

Et là où ça va le moins mal, c'est quand je suis dans une situation où il y a une sorte de *prolongement* de ma vie avec elle (appartement).

21 août 1978

Pourquoi aurais-je envie de la moindre postérité, du moindre sillage, puisque les êtres que j'ai le plus aimés, que j'aime le plus, n'en laisseront pas, moi ou quelques survivants passés ? Que m'importe de durer au-delà de moi-même, dans l'inconnu froid et menteur de l'Histoire, puisque le souvenir de mam. ne durera pas plus que moi et ceux qui l'ont connue et qui mourront à leur tour ? Je ne voudrais pas d'un « monument » pour moi seul.

21 août 1978

Le chagrin est égoïste.

Je ne parle que de moi. Je ne puis parler d'elle, dire ce qu'elle était, faire un portrait bouleversant (comme celui que Gide fit de Madeleine).

(Pourtant : tout est vrai : la douceur, l'énergie, la noblesse, la bonté.)

21 août 1978

Ce qui me paraît le plus éloigné de, le plus antipathique à mon chagrin : la lecture du journal *Le Monde* et de ses manières aigres et informées.

21 août 1978

Essayé d'expliquer à JL (mais cela tient en une phrase) :

Toute ma vie, depuis l'enfance, j'ai eu *un plaisir* à être avec mam. Ce n'était pas une habitude. Je me réjouissais des vacances à U. (bien que je n'aime guère la campagne) parce que je savais que j'y serais tout le temps avec elle.

13 septembre 1978

Le sinistre
égoïsme (égotisme)
du deuil
du chagrin

Ma Morale[1]

– Le courage de la discrétion
– Il est courageux de ne pas être courageux

1. Cette fiche, non datée, est barrée d'un trait oblique.

17 septembre 1978

Depuis la mort de mam., malgré – ou à travers – effort acharné pour mettre en œuvre un grand projet d'écriture, altération progressive de la confiance en moi – en ce que j'écris.

(3 octobre 1978)

La modestie profonde qui lui faisait avoir, non point d'affaires du tout (aucun ascétisme), mais peu d'affaires – comme si elle eût voulu qu'à sa mort on n'eût pas à « se débarrasser » de ce qui lui avait appartenu.

(3 octobre 1978)

(Comme) c'est long, sans elle.

6 octobre 1978

[Cette après-midi, embarras épuisants de tâches en retard. Ma conférence au Collège → Pensée du monde qu'il risque d'y avoir → Émotivité → PEUR. Et je découvre (?) ceci :]

PEUR : toujours affirmée – et écrite – comme centrale chez moi. Avant la mort de mam., cette Peur : peur de la perdre.

Et maintenant que je l'ai perdue ?

J'ai toujours PEUR, et peut-être plus encore, car, paradoxalement encore plus fragile (d'où mon acharnement à la *retraite*, c'est-à-dire à joindre un lieu intégralement à l'abri de la Peur).

– Peur, donc, de quoi, maintenant ? – De mourir moi-même ? Oui, sans doute – Mais, semble-t-il, moins – je le sens – car, mourir, c'est ce qu'a fait mam. (fantôme bienfaisant du : la rejoindre)

– Donc, en fait : tel le psychotique de Winnicott, *j'ai peur d'une catastrophe qui a déjà eu lieu*. Je la recommence sans cesse en moi-même sous mille substituts.

– D'où, sur l'heure, tout un emportement de pensées, de décisions.

– Exorciser cette Peur, en allant *là où j'ai peur* (lieux faciles à repérer, grâce au signal d'émotivité).

– Liquider d'arrache-pied ce qui m'empêche, me sépare d'écrire le texte sur mam. : le départ actif du Chagrin : l'accession du Chagrin à l'Actif.

[Texte qui devrait finir sur cette fiche, sur cette ouverture (accouchement, défection) de la Peur.]

(7 octobre 1978)

Je reproduis en moi – je constate que je reproduis en moi de menus traits de mam. : j'oublie – mes clefs, un fruit acheté au marché.

Défaillances de mémoire que l'on croyait la *caractériser* (j'entends ses plaintes modestes à ce sujet), elles deviennent miennes.

8 octobre 1978

Quant à la mort, la mort de mam. me donnait la certitude (jusque-là abstraite) que tous les hommes sont mortels – qu'il n'y aurait jamais de discrimination – et la certitude de devoir mourir *par cette logique-là* m'apaisait.

20 octobre 1978

Le jour approche, de l'anniversaire de la mort de mam. J'ai peur, de plus en plus, comme si ce jour-là (25 octobre) elle devait mourir une seconde fois.

25 octobre 1978

Jour anniversaire de la mort de mam.
À Urt la journée.

Urt, la maison vide, le cimetière, la tombe nouvelle (trop haute, trop massive, pour elle, à la fin si menue) ; mon cœur ne se détend pas ; je suis comme sec, sans la bienfaisance d'une intériorité. Le symbolisme de l'anniversaire ne m'apporte rien.

25 octobre 1978

Je repense à la nouvelle de Tolstoï, *Le Père Serge* (j'ai vu récemment le film, mauvais). Épisode final : il trouve la paix (le Sens, ou l'Exemption du Sens) quand il retrouve une petite fille comme dans son enfance, devenue grand-mère, Mavra, qui simplement s'occupe avec amour des siens, sans se poser aucun problème de *paraître*, de sainteté, d'Église, etc. Je me dis : c'est mam. Chez elle, jamais un méta-langage, une pose, une image voulue. C'est cela, la « Sainteté ».

[Ô le paradoxe : moi, si « intellectuel », du moins accusé d'être tel, moi tellement tissé d'un méta-langage incessant (que je défends), elle me dit souverainement le non-langage.]

[Nouvelle suite du journal]

4 novembre 1978 → 15 septembre 1979

4 novembre 1978

Ces notes de deuil se raréfient. Ensablement. Quoi, devenir inexorable, oubli ? (« maladie » qui passe ?) Et pourtant…

Pleine mer de chagrin – quitté les rivages, rien en vue. L'écriture n'est plus possible.

22 novembre 1978

Hier soir, cocktail pour mes 25 ans au Seuil. Beaucoup d'amis – Es-tu content ? – Oui, bien sûr [*mais* mam. me manque].

Toute « mondanité » renforce la vanité du monde où elle n'est plus.

J'ai sans cesse « le cœur gros ».

Ce déchirement, très fort aujourd'hui, dans la matinée grise, m'est venu, si j'y pense, de l'image de Rachel, assise hier soir un peu à l'écart, heureuse de ce cocktail, où elle avait un peu parlé aux uns et aux autres, digne, « à sa place », comme les femmes ne le sont plus et pour cause puisqu'elles ne veulent plus de place – sorte de dignité perdue et rare – qu'avait mam. (elle était là, d'une bonté absolue, pour tous, et cependant « à sa place ».)

(4 décembre 1978)

J'écris de moins en moins mon chagrin mais en un sens il est plus fort, passé au rang de l'éternel, depuis que je ne l'écris plus.

15 décembre 1978

Sur fond de détresse, de panique (harcèlement, tâches, malveillance littéraire), boule de chagrin qui monte :

1) Beaucoup, autour de moi, m'aiment, m'entourent, mais aucun n'est *fort*: tous (nous sommes tous) fous, névrosés – sans parler des lointains genre RH. Seule mam. était forte, parce qu'elle était intacte de toute névrose, de toute folie.

2) J'écris mon cours et en viens à écrire *Mon Roman*. Je pense alors avec déchirement à l'un des derniers mots de mam. : *Mon Roland ! Mon Roland !* J'ai envie de pleurer.

[Sans doute je serai mal, tant que je n'aurai pas écrit quelque chose *à partir d'elle* (*Photo*, ou autre chose).]

22 décembre 1978

Oh, dire le *profond* désir de recueillement, de retraite, de « Ne vous occupez pas de moi » qui me vient tout droit, inflexiblement, du chagrin, comme « éternel » – recueillement si *vrai*, que les petites batailles inévitables, les jeux d'images, les blessures, tout ce qui arrive fatalement dès lors que l'on *survit*, ne sont qu'une écume salée, amère, à la surface d'une eau profonde…

23 décembre 1978

Petits déboires, attaques, menaces, harcèlements, sentiment d'échec, période noire, charge lourde à porter, « bagne », etc. Je ne puis m'empêcher de mettre cela en rapport avec la disparition de mam. Ce n'est pas – magie simple – qu'elle n'est plus là pour me protéger, mon travail était toujours concrètement maintenu à part d'elle ; – c'est plutôt – mais c'est la même chose ? que je suis maintenant acculé à *m'initier au monde* – dure initiation. Misères d'une naissance.

29 décembre 1978

Continue sans diminuer l'acédie, l'amertume de cœur, la propension aux jalousies, etc. : tout ce qui dans mon cœur fait que je ne m'aime pas.

Période d'auto-dévaluation (mécanisme classique de deuil).

Comment retrouver l'*équanimité*?

29 décembre 1978

Ayant reçu hier la photo que j'avais fait reproduire de mam. petite fille dans le jardin d'hiver de Chennevières, j'essaye de la mettre devant moi, à ma table de travail. Mais c'est trop, cela m'est intolérable, me fait trop de peine. Cette image entre en conflit avec tous les petits combats vains, sans noblesse, de ma vie. L'image est vraiment une mesure, un juge (comprends maintenant comment une photo peut être sanctifiée, guider → ce n'est pas l'*identité* qui est rappelée, c'est, dans cette identité, une *expression* rare, une « vertu »).

31 décembre 1978

Le chagrin est immense, mais son effet sur moi (car le chagrin : pas en soi : suite d'*effets* détournés) est une sorte de dépôt, de rouille, de boue déposée sur mon cœur : une *amertume* de cœur (irritabilités, agacements, jalousies, manque d'amour).

→ Oh quelle contradiction : je deviens, par la perte de mam., le contraire de ce qu'elle était. Je veux vivre selon sa valeur et n'arrive qu'au contraire.

11 janvier 1979

… douleur de ne jamais plus poser mes lèvres sur ses joues fraîches et ridées…

[C'est banal
– La Mort, le Chagrin ne sont rien que : banals]

11 janvier 1979

Toujours cette sensation douloureuse que les tâches, les gens, les demandes, etc. me séparent de mam. – J'aspire au « 10 mars », non pour entrer en vacances mais pour retrouver une disponibilité habitée par elle.

17 janvier 1979

Peu à peu se précise l'effet du manque : que je n'ai le goût de *construire* rien de nouveau (hormis dans l'écriture) : aucune amitié, aucun amour, etc.

18 janvier 1979

Depuis la mort de mam. plus envie de rien « construire » – sauf en écriture. Pourquoi ? Littérature = seule région de la Noblesse (comme l'était mam.).

20 janvier 1979

Photo de mam. petite fille, au loin – devant moi sur ma table. Il me suffisait de la regarder, de saisir le *tel* de son être (que je me débats à décrire) pour être réinvesti par, immergé dans, envahi, inondé par sa bonté.

30 janvier 1979

On n'oublie pas,
mais quelque chose d'*atone* s'installe en vous.

22 février 1979

Ce qui me sépare de mam. (du deuil qui était mon identification à elle), c'est l'épaisseur (grandissante, progressivement accumulée) du temps où, depuis sa mort, j'ai pu vivre sans elle, habiter l'appartement, travailler, sortir, etc.

7 mars 1979

Pourquoi je ne peux m'accrocher à, adhérer à certaines œuvres, à certains êtres : par ex. JMV. C'est que mes *valeurs* infuses (esthétiques et éthiques) me viennent de mam. Ce qu'elle aimait (ce qu'elle n'aimait pas) a formé mes valeurs.

9 mars 1979

Maman et la pauvreté ; sa lutte, ses déboires, son courage. Sorte d'épopée sans attitude héroïque.

15 mars 1979

Moi seul connais mon chemin depuis un an et demi : l'économie de ce deuil immobile et non spectaculaire qui m'a tenu sans cesse séparé par des tâches ; séparation que j'ai au fond toujours projeté de faire cesser par un livre – Obstination, clandestinité.

18 mars 1979

La nuit dernière, mauvais rêve. Scène avec mam. Dissension, douleur, sanglots : j'étais séparé d'elle par quelque chose (décision de sa part ?) de *spirituel*. Sa décision concernait aussi Michel. Elle était inaccessible.

18 mars 1979

Chaque fois que je rêve d'elle (et je ne rêve que d'elle), c'est pour la voir, la croire vivante, mais autre, séparée.

29 mars 1979 [1]

Je vis sans aucun souci de la postérité, aucun désir d'être lu plus tard (sauf, financièrement, pour M.), la parfaite acceptation de disparaître complètement, aucune envie de « monument » – mais je ne peux supporter qu'il en soit ainsi pour mam. (peut-être parce qu'elle n'a pas écrit et que son souvenir dépend entièrement de moi).

1. La rédaction de *La Chambre claire* commence après cette date : à la fin du livre, il est mentionné : « 15 avril – 3 juin 1979 ».

1er mai 1979

Je n'étais pas *comme* elle, puisque je ne suis pas mort avec (en même temps qu') elle.

18 juin 1979
Retour de Grèce

Depuis la mort de mam. ma vie n'arrive pas à se constituer en *souvenir*. Mate, sans le halo vibratoire qui fait le « Je me souviens… »

22 juillet 1979

Tous les « sauvetages » du Projet [1] échouent. Je me retrouve sans rien à faire, sans aucune œuvre devant moi – sauf les tâches répétées de la routine. Toute forme du Projet : molle, non résistante, coefficient faible d'énergie. « À quoi bon ? »

– C'est comme si advenait maintenant avec clarté (retardé jusqu'ici par des leurres successifs) le retentissement solennel du deuil sur la possibilité de faire une œuvre.

Épreuve majeure, épreuve adulte, centrale, décisive du deuil.

1. Il s'agit sans doute de *Vita Nova*, cf. note 1, p. 84.

13 août 1979

Quittant Urt, après un séjour difficile, dans le train, à hauteur de Dax (cette lumière du Sud-Ouest [1], qui a accompagné ma vie), désespéré, aux larmes, de la mort de mam.

1. On peut lire, à ce propos, « La lumière du Sud-Ouest », paru dans *L'Humanité* du 10 septembre 1927, *Œuvres Complètes*, tome V, pp. 330-334.

(19 août 1979)

Comment mam., tout en nous donnant une loi intériorisée (l'image d'une noblesse), nous a laissés (M et moi) accessibles au désir, au goût des choses : le contraire de « l'*embêtement* radical, intime, âcre et incessant » qui empêchait Flaubert de rien goûter et lui emplissait l'âme à la faire crever.

1er septembre 1979

Retour d'Urt, dans l'avion.

Toujours aussi vive mais muette, la douleur, le chagrin… (« Mon R, mon R »).

– Je suis malheureux, triste à Urt.

– Suis-je donc heureux à Paris ? Non, c'est là le piège. Le contraire d'une chose n'est pas son contraire, etc.

Je quittais un endroit où j'étais malheureux et cela ne me rendait pas heureux de le quitter.

1er septembre 1979

Je ne puis, symboliquement, m'abstenir d'aller, à chaque séjour à Urt, à l'arrivée et au départ, voir la tombe de mam. Mais arrivé devant, je ne sais que faire. Prier ? Qu'est-ce que ça veut dire ? Quel contenu ? Simplement l'ébauche fugitive d'une mise en position d'intériorité. Je repars donc tout de suite

(de plus les tombes de ce cimetière, pourtant rural, sont si laides…).

1er septembre 1979

Chagrin, impossibilité d'être bien nulle part, oppressions, agacements et remords qui s'ensuivent, tout cela est sous le mot « misère de l'homme », employé par Pascal.

2 septembre 1979

Sieste. Rêve : *exactement* son sourire. Rêve : souvenir intégral, réussi.

15 septembre 1979

Il y a des matinées si tristes…

Quelques fragments non datés

[après la mort de mam.]

Douloureusement, l'incapacité désormais – de *m'agiter*...

*

Suicide

Comment saurai-je que je ne souffre plus, si je suis mort ?

*

Dans l'imagination que je pouvais avoir de ma mort (comme tout le monde en a), j'ajoutais à égalité, à l'angoisse de disparaître tôt, celle du mal *insupportable* que je lui ferais.

*

Sur la rareté – l'insignifiance de notre verbalisation, de nos paroles : oui, mais sans jamais une platitude, une bêtise – une gaffe…

*

La « Nature »

Sans être d'origine campagnarde, comment elle aimait la « Nature », c'est-à-dire le Naturel – sans aucun des gestes de l'Anti-Pollution, ce n'était pas sa génération. Elle se sentait bien dans les jardins un peu fouillis, etc.

Quelques notes sur mam.

15 avril 1977

L'infirmière du matin parle à maman comme à une enfant, d'une voix un peu trop forte, inquisitoriale, grondeuse et niaise. Elle ne sait pas que maman *la juge*.

[C'est cela la bêtise]

On ne parle jamais de l'*intelligence* d'une mère, comme si c'était amoindrir son affectivité, la distancer. Mais l'intelligence, c'est : tout ce qui nous permet de vivre souverainement avec un être.

*

– Mam. et la religion

– Ne verbalisait jamais

– Un attachement (mais de quelle sorte ?) au groupe bayonnais

– La bonté pour la minorité ?
– La non-violence

*

7 juin 1978

Le christianisme : l'Église : oui, on était très contre, quand elle était associée à l'État, au Pouvoir, au Colonialisme, à la Bourgeoisie, etc.

Mais l'autre jour, sorte d'évidence, du genre : *au fond...* C'est elle encore ? Et n'est-elle pas dans le cirque des idéologies, des morales, le seul lieu où l'on pense encore un peu la *non-violence* ?

Cependant reste pour moi une séparation vive d'avec la Foi (et bien sûr la Faute). Mais est-ce que c'est important ? Une Foi sans violence (sans militantisme, sans prosélytisme) ?

(Églises) Chrétiens : de triomphants passent au rang de *Paumés* (oui, mais USA ? Carter, etc.).

Affaire Aldo Moro : mieux qu'un martyr, pas un héros : un *paumé.*

*

Forme de discrétion :

faire les choses soi-même, ne pas les faire faire par les autres

autarcie empirique

lien affectif

*

Comment l'être aimé est un *relais,* fonde en affect les grandes options.

Pourquoi le fascisme me fait horreur.

Médiatrice

Je ne comprenais jamais *où* se fonde le militantisme – les idées, etc.

la force des idées (puisque pour moi sceptique, pas d'instance de vérité).

Mon rapport à la violence.

Pourquoi je ne marche jamais dans les justifications (et même peut-être la *vérité*) de la violence : parce que je ne puis (je ne pouvais : mais elle disparue, c'est la même chose) supporter (*insupportable*) le mal que lui aurait fait, lui ferait une violence dont je serais l'objet.

*

Parler de mam. : eh quoi, l'Argentine, la fascisme argentin, les emprisonnements, les tortures politiques, etc. ?

Elle en aurait été blessée. Et je l'imagine avec horreur parmi les femmes et mères de disparus qui manifestent ici et là. Comme elle aurait souffert si elle m'avait perdu.

*

Présence totale
absolue
poids nul

la densité, pas le poids

*

Commencer :

« Tout le temps que j'ai vécu avec elle – toute ma vie – ma mère ne m'a jamais fait *une observation.*

*

Mam. ne m'a jamais fait une *observation* – De là que je ne les supporte pas.

(voir la lettre de FW)

*

Mam. : (toute la vie) : espace sans agression, sans mesquinerie – Jamais, elle ne me fit une *observation* (horreur que j'ai de ce mot et de la chose).

*

(16 juin 1978)

Une femme, que je connais à peine et que je dois aller voir me téléphone (me dérange, m'accapare) inutilement pour me dire : descendez à telle station d'autobus, faites attention en traversant, ne resterez-vous pas dîner, etc.

Jamais ma mère ne m'a rien dit de tout cela. Elle ne m'a jamais parlé comme à un enfant irresponsable.

*

11 mars 1979

FMB veut à tout prix me présenter Hélène de Wendel, comme femme (du monde) d'une délicatesse exceptionnelle, etc. Je n'en ai nulle envie, car :

– certes je suis assoiffé de délicatesse chez les êtres, mais en même temps je sais que mam. n'avait aucun intérêt pour ce monde, ou ce genre de femmes. Sa délicatesse était absolument atopique (socialement) : au-delà des classes : sans marque.

*

Hendaye

Pas très heureuse
c'était un *héritage*.

Table

Du même auteur

AUX MÊMES ÉDITIONS

Le Degré zéro de l'écriture
suivi de
Nouveaux essais critiques
1953
et « Points Essais » n° 35, 1972

Michelet par lui-même
« Écrivains de toujours », 1954
réédition en 1995

Mythologies
1957
et « Points Essais » n° 10, 1970
et édition illustrée, 2010
(établie par Jacqueline Guittard)

Sur Racine
1963
et « Points Essais » n° 97, 1979

Essais critiques
1964
et « Points Essais » n° 127, 1981

Critique et vérité
1966
et « Points Essais » n° 396, 1999

Système de la mode
1967
et « Points Essais » n° 147, 1983

S/Z
1970
et « Points Essais » n° 70, 1976

Sade, Fourier, Loyola
1971
et « Points Essais » n° 116, 1980

Le Plaisir du texte
1973
et « Points Essais » n° 135, 1982

Roland Barthes par Roland Barthes
« Écrivains de toujours », 1975, 1995
et « Points Essais » n° 631, 2010

Fragments d'un discours amoureux
1977

Poétique du récit
(en collab.)
« Points Essais » n° 78, 1977

Leçon
1978
et « Points Essais » n° 205, 1989

Sollers écrivain
1979 et « Points Essais » n° 785, 2015

La Chambre claire
Gallimard/Seuil, 1980

Le Grain de la voix
Entretiens (1962-1980)
1981
et « Points Essais » n° 395, 1999

Littérature et réalité
(en collab.)
« Points Essais » n° 142, 1982

L'Obvie et l'Obtus
Essais critiques III
1982
et « Points Essais » n° 239, 1992

Le Bruissement de la langue
Essais critiques IV
1984
et « Points Essais » n° 258, 1993

L'Aventure sémiologique
1985
et « Points Essais » n° 219, 1991

Incidents
1987

La Tour Eiffel
(photographies d'André Martin)
CNP/Seuil, 1989, 1999, 2011

ŒUVRES COMPLÈTES
t. 1, 1942-1965
1993
t. 2, 1966-1973
1994
t. 3, 1974-1980
1995
nouvelle édition revue, corrigée
et présentée par Éric Marty, 2002

Le Plaisir du texte
précédé de
Variations sur l'écriture
(préface de Carlo Ossola)
2000

Comment vivre ensemble
Simulations romanesques de quelques espaces quotidiens
Cours et séminaires au Collège de France 1976-1977
(texte établi, annoté et présenté par Claude Coste,
sous la direction d'Éric Marty)
« Traces écrites », 2002

Le Neutre
Cours et séminaires au Collège de France 1977-1978
(texte établi, annoté et présenté par Thomas Clerc,
sous la direction d'Éric Marty)
« Traces écrites », 2002

Écrits sur le théâtre
(textes présentés et réunis par Jean-Loup Rivière)
« Points Essais » n° 492, 2002

La Préparation du roman I et II
Cours et séminaires au Collège de France
(1978-1979 et 1979-1980)
« Traces écrites », 2003

L'Empire des signes *(1970)*
« Points Essais » n° 536, 2005

Le Discours amoureux
Séminaire à l'École pratique des hautes études (1974-1976)
« Traces écrites », 2007

Le Lexique de l'auteur
Séminaire à l'École pratique
des hautes études (1973-1974)
suivi de
Fragments inédits de Roland Barthes
par Roland Barthes
*(avant-propos d'Éric Marty,
présentation et édition d'Anne Herschberg Pierrot)*
« Traces écrites », 2010

Barthes
(textes choisis et présentés par Claude Coste)
« Points Essais » n° 649, 2010

Sarrasine de Balzac
Séminaire à l'École pratique
des hautes études (1967-1968, 1968-1969)
(*avant-propos d'Éric Marty,
présentation et édition de
Claude Coste et Andy Stafford*)
« Traces écrites », 2012

CHEZ D'AUTRES ÉDITEURS

Erté
Franco-Maria Ricci, 1973

Arcimboldo
Franco-Maria Ricci, 1978

Sur la littérature
(en collab. avec Maurice Nadeau)
PUG, 1980

All except you
(illustré par Saul Steinberg)
Galerie Maeght/Repères, 1983

Carnets du voyage en Chine
Christian Bourgois/Imec, 2009

Questions
Anthologie rassemblée par Persida Asllani
précédée d'un entretien avec Francis Marmande
Manucius, 2009

IMPRESSION : NORMANDIE ROTO IMPRESSION S.A.S À LONRAI
DÉPÔT LÉGAL : MARS 2016. N° 131306-3 (1802129)
IMPRIMÉ EN FRANCE

Éditions Points

Le catalogue complet de nos collections est sur Le Cercle Points, ainsi que des interviews de vos auteurs préférés, des jeux-concours, des conseils de lecture, des extraits en avant-première…

www.lecerclepoints.com

Collection Points Essais

DERNIERS TITRES PARUS

620. « Race » sans histoire, *par Maurice Olender*
621. Figures du pensable, Les Carrefours du labyrinthe VI *par Cornelius Castoriadis*
622. Philosophie de la volonté 1, *par Paul Ricœur*
623. Philosophie de la volonté 2, *par Paul Ricœur*
624. La Gourmandise, *par Patrick Avrane*
625. Comment je suis redevenu chrétien *par Jean-Claude Guillebaud*
626. Homo juridicus, *par Alain Supiot*
627. Comparer l'incomparable, *par Marcel Detienne*
628. Rumeurs, *par Jean-Noël Kapferer*
629. Totem et Tabou, *par Sigmund Freud*
630. Malaise dans la civilisation, *par Sigmund Freud*
631. Roland Barthes, *par Roland Barthes*
632. Mes démons, *par Edgar Morin*
633. Réussir sa mort, *par Fabrice Hadjadj*
634. Sociologie du changement *par Philippe Bernoux*
635. Mon père. Inventaire, *par Jean-Claude Grumberg*
636. Le Traité du sablier, *par Ernst Jüng*
637. Contre la barbarie, *par Klaus Mann*
638. Kant, *textes choisis et présentés par Michaël Fœssel et Fabien Lamouche*
639. Spinoza, *textes choisis et présentés par Frédéric Manzini*

640. Le Détour et l'Accès, *par François Jullien*
641. La Légitimité démocratique, *par Pierre Rosanvallon*
642. Tibet, *par Frédéric Lenoir*
643. Terre-Patrie, *par Edgar Morin*
644. Contre-prêches, *par Abdelwahab Meddeb*
645. L'Éros et la Loi, *par Stéphane Mosès*
646. Le Commencement d'un monde
par Jean-Claude Guillebaud
647. Les Stratégies absurdes, *par Maya Beauvallet*
648. Jésus sans Jésus, *par Gérard Mordillat et Jérôme Prieur*
649. Barthes, *textes choisis et présentés par Claude Coste*
650. Une société à la dérive, *par Cornelius Castoriadis*
651. Philosophes dans la tourmente
par Élisabeth Roudinesco
652. Où est passé l'avenir ?, *par Marc Augé*
653. L'Autre Société, *par Jacques Généreux*
654. Petit Traité d'histoire des religions, *par Frédéric Lenoir*
655. La Profondeur des sexes, *par Fabrice Hadjadj*
656. Les Sources de la honte, *par Vincent de Gaulejac*
657. L'Avenir d'une illusion, *par Sigmund Freud*
658. Un souvenir d'enfance de Léonard de Vinci
par Sigmund Freud
659. Comprendre la géopolitique, *par Frédéric Encel*
660. Philosophie arabe
textes choisis et présentés par Pauline Koetschet
661. Nouvelles Mythologies, *sous la direction de Jérôme Garcin*
662. L'Écran global, *par Gilles Lipovetsky et Jean Serroy*
663. De l'universel, *par François Jullien*
664. L'Âme insurgée, *par Armel Guerne*
665. La Raison dans l'histoire, *par Friedrich Hegel*
666. Hegel, *textes choisis et présentés par Olivier Tinland*
667. La Grande Conversion numérique, *par Milad Doueihi*
668. La Grande Régression, *par Jacques Généreux*
669. Faut-il pendre les architectes ?, *par Philippe Trétiack*
670. Pour sauver la planète, sortez du capitalisme
par Hervé Kempf
671. Mon chemin, *par Edgar Morin*
672. Bardadrac, *par Gérard Genette*
673. Sur le rêve, *par Sigmund Freud*

674. Claude Lévi-Strauss et l'anthropologie structurale
par Marcel Hénaff
675. L'Expérience totalitaire. La signature humaine 1
par Tzvetan Todorov
676. Manuel de survie des dîners en ville
par Sven Ortoli et Michel Eltchaninoff
677. Casanova, l'homme qui aimait vraiment les femmes
par Lydia Flem
678. Journal de deuil, *par Roland Barthes*
679. La Sainte Ignorance, *par Olivier Roy*
680. La Construction de soi
par Alexandre Jollien
681. Tableaux de famille, *par Bernard Lahire*
682. Tibet, une autre modernité
par Jean-Pierre Barou et Sylvie Crossman
683. D'après Foucault
par Philippe Artières et Mathieu Potte-Bonneville
684. Vivre seuls ensemble. La signature humaine 2
par Tzvetan Todorov
685. L'Homme Moïse et la Religion monothéiste
par Sigmund Freud
686. Trois Essais sur la théorie de la sexualité
par Sigmund Freud
687. Pourquoi le christianisme fait scandale
par Jean-Pierre Denis
688. Dictionnaire des mots français d'origine arabe
par Salah Guemriche
689. Oublier le temps, *par Peter Brook*
690. Art et figures de la réussite, *par Baltasar Gracián*
691. Des genres et des œuvres, *par Gérard Genette*
692. Figures de l'immanence, *par François Jullien*
693. Risquer la liberté, *par Fabrice Midal*
694. Le Pouvoir des commencements
par Myrian Revault d'Allonnes
695. Le Monde moderne et la Condition juive, *par Edgar Morin*
696. Purifier et détruire, *par Jacques Semelin*
697. De l'éducation, *par Jean Jaurès*
698. Musicophilia, *par Oliver Sacks*
699. Cinq Conférences sur la psychanalyse, *par Sigmund Freud*

700. L'oligarchie ça suffit, vive la démocratie, *par Hervé Kempf*
701. Le Silence des bêtes, *par Elisabeth de Fontenay*
702. Injustices, *par François Dubet*
703. Le Déni des cultures, *par Hugues Lagrange*
704. Le Rabbin et le Cardinal
par Gilles Bernheim et Philippe Barbarin
705. Le Métier d'homme, *par Alexandre Jollien*
706. Le Conflit des interprétations, *par Paul Ricœur*
707. La Société des égaux, *par Pierre Rosanvallon*
708. Après la crise, *par Alain Touraine*
709. Zeugma, *par Marc-Alain Ouaknin*
710. L'Orientalisme, *par Edward W. Said*
711. Un sage est sans idée, *par François Jullien*
712. Fragments de vie, *par Germaine Tillion*
713. Le Délire et les Rêves dans la Gradiva de W. Jensen
par Sigmund Freud
714. La Montée des incertitudes, *par Robert Castel*
715. L'Art d'être heureux, *par Arthur Schopenhauer*
716. Une histoire de l'anthropologie, *par Robert Deliège*
717. L'Interprétation du rêve, *par Sigmund Freud*
718. D'un retournement l'autre, *par Frédéric Lordon*
719. Lost in management, *par François Dupuy*
720. 33 Newport Street, *par Richard Hoggart*
721. La Traversée des catastrophes, *par Pierre Zaoui*
722. Petit dictionnaire de droit constitutionnel
par Guy Carcassonne
723. La Tranquillité de l'âme, *par Sénèque*
724. Comprendre le débat européen, *par Michel Dévoluy*
725. Un monde de fous, *par Patrick Coupechoux*
726. Comment réussir à échouer, *par Paul Watzlawick*
727. L'Œil de l'esprit, *par Oliver Sacks*
728. Des yeux pour guérir, *par Francine Shapiro*
et Margot Silk Forrest
729. Simone Weil, le courage de l'impossible
par Christiane Rancé
730. Le Philosophe nu, *par Alexandre Jollien*
731. Le Paradis à la porte, *par Fabrice Hadjadj*
732. Emmanuel Mounier, *par Jean-Marie Domenach*
733. L'Expérience concentrationnaire, *par Michael Pollak*

734. Agir dans un monde incertain, *par Michel Callon, Pierre Lascoumes et Yannick Barthe*
735. Le Travail créateur, *par Pierre-Michel Menger*
736. Comment survivre à sa propre famille, *par Mony Elkaïm*
737. Repenser la pauvreté, *par Abhijit V. Banerjee et Esther Duflo*
738. Faites vous-même votre malheur, *par Paul Watzlawick*
739. Au-delà du principe de plaisir, *par Sigmund Freud*
740. Psychologie de masse et analyse du Moi, *par Sigmund Freud*
741. Lacan, envers et contre tout, *par Élisabeth Roudinesco*
742. Les Structures sociales de l'économie, *par Pierre Bourdieu*
743. La Double Absence, *par Abdelmalek Sayad*
744. Pourquoi l'amour fait mal, *par Eva Illouz*
745. Fin de l'Occident, naissance du monde, *par Hervé Kempf*
746. Vers un nouvel ordre du monde *par Gérard Chaliand et Michel Jan*
747. Les Mots de l'histoire, *par Jacques Rancière*
748. À la recherche de l'école de Palo Alto *par Jean-Jacques Wittezaele et Teresa García-Rivera*
749. L'Art de l'insulte, *par Arthur Schopenhauer*
750. Mythe et religion en Grèce ancienne *par Jean-Pierre Vernant*
751. L'Art ou la Vie !, *par Tzvetan Todorov*
752. Sur l'État, *par Pierre Bourdieu*
753. La Force de l'ordre, *par Didier Fassin*
754. Tolstoï, *par Christiane Rancé*
755. Petit traité de l'abandon, *par Alexandre Jollien*
756. Nourrir sa vie à l'écart du bonheur, *par François Jullien*
757. Stratégie de la thérapie brève *par Paul Watzlawick et Giorgio Nardone*
758. La Dictature, *par Carl Schmitt*
759. Petite Métaphysique des tsunamis, *par Jean-Pierre Dupuy*
760. Penser/Classer, *par Georges Perec*
761 Les Sept Savoirs nécessaires à l'éducation du futur *par Edgar Morin*
762 La Fin des sociétés, *par Alain Touraine*
763 L'Échec de l'islam politique, *par Olivier Roy*
764 Mozart, *par Norbert Elias*
765 La Guerre civile, *par Giorgio Agamben*
766 Cioran, *par Stéphane Barsacq*

767 Les Banlieues de l'islam, *par Gilles Kepel*
768 Sortir de la malédiction, *par Abdelwahab Meddeb*
769. Les animaux aussi ont des droits, *par Boris Cyrulnik, Elisabeth de Fontenay et Peter Singer*
770. Le Savant et le Populaire, *par Claude Grignon et Jean-Claude Passeron*
771. Comment Woody Allen peut changer votre vie *par Eric Vartzbed*
772. La Musique et l'Ineffable, *par Vladimir Jankélévitch*
773. Les Termes clés de l'analyse du théâtre *par Anne Ubersfeld*
774. Les Sociétés et leur école, *par François Dubet, Marie Duru-Bellat et Antoine Vérétout*
775. Le Moi et le Ça, *par Sigmund Freud*
776. La Société des affects, *par Frédéric Lordon*
777. La Vie au guichet, *par Vincent Dubois*
778. Les Rebelles, *par Jean Ziegler*
779. Main basse sur l'Afrique, *par Jean Ziegler*
780. Le Pouvoir africain, *par Jean Ziegler*
781. La Victoire des vaincus, *par Jean Ziegler*
782. Une Suisse au-dessus de tout soupçon *par Jean Ziegler*
783. Le Mystère français, *par Emmanuel Todd et Hervé Le Bras*
784. Courts voyages au pays du peuple, *par Jacques Rancière*
785. Sollers écrivain, *par Roland Barthes*
786. La Traversée des frontières, *par Jean-Pierre Vernant*
787. L'Apathie libérale avancée, *par François Châtelet*
788. L'Encre de la mélancolie, *par Jean Starobinski*
790. Le Mythe de l'islamisation, *par Raphaël Liogier*
791. Self islam, *par Abdenour Bidar*
792. Le Moïse de Michel-Ange, *par Sigmund Freud*
793. L'Odeur du si bémol, *par Oliver Sacks*
794. Sociologie de l'expérience, *par François Dubet*
795. Les Moments et leurs Hommes *par Erving Goffman*
796. Puisque tout est en voie de destruction *par Fabrice Hadjadj*
797. Pari de civilisation, *par Abdelwahab Meddeb*
798. Procès ou création, *par François Jullien*